El Libro de Enoc

Un estudio y lectura que revela los secretos de este profeta de Dios.

El Libro de Enoc contiene visiones y revelaciones del cielo, y del tiempo futuro. Palabras que deben ser consideradas desde la mirada cristiana y bíblica.

Este libro es único en su contenido, y aunque no forma parte del canon bíblico, es considerado por muchos como inspirado por Dios.

El Libro de Enoc es calificado dentro de la literatura judía como apocalíptico.

El libro de Enoc expone el pecado y rebelión de los ángeles de Dios, además de otros misterios en gran manera interesantes...

Dedicamos este trabajo a Dios por Su amor y paciencia, al Señor Jesucristo bendito Salvador y maestro, y al Espíritu Santo bendito Consolador.

AGRADECIMIENTOS

Agradecemos al Señor Jesús y al Espíritu Santo por darnos la capacidad y fuerza para desarrollar este ministerio. A todos los que leen nuestras publicaciones y apoyan con sus oraciones.

Contenido

El libro de Enoc, sin lugar a dudas, un libro lleno de secretos, misterios, revelaciones y para muchos escrito por el mismo profeta Enoc; y por tanto, un libro inspirado por Dios; para otros, libro escrito en el periodo intertestamentario, entre la muerte del profeta Malaquías y el ministerio de Juan el bautista.

Entonces, aunque no es parte de la Biblia actualmente conocida, si es parte de la Biblia usada por la Iglesia Ortodoxa Etíope. De este libro quedan fragmentos en hebreo y griego, se conserva integro en geez, lengua litúrgica de la Iglesia Etíope.

En la actualidad es un libro altamente leído y consultado, cobrando gran relevancia después del hallazgo de estos textos en los rollos del Mar Muerto, en las Cuevas de Qumran. Ocupa un lugar significativo y relevante en la literatura judeocristiana.

Antes de iniciar el estudio y lectura de este interesante texto, debemos tener en cuenta que en la misma Biblia este texto "El Libro de Enoc" es mencionado o citado en dos pasajes directamente en el Nuevo Testamento (y esto nos permite concluir que era un texto leído y de importancia especial para los cristianos del primer siglo).

Los pasajes en los cuales se hace mención o se hace referencia al contenido del Libro de Enoc en las Sagradas Escrituras son: Judas versículos 6, y 14-16, y 2 Pedro 2:4.

El Libro de Enoc es una antigua obra religiosa judía, la tradición presenta a Enoc como su autor, Enoc bisabuelo de Noé, texto que ha sido importante en el pensamiento y visión de los escritores del Nuevo Testamento, además fue utilizado y valorado por la comunidad religiosa que originalmente estudio y recopiló los rollos del Mar Muerto en las cuevas de Qumrán.

Por lo tanto, el Libro de Enoc, facilita a los estudiosos y comentaristas de la Biblia información de gran valor respecto a aquello que creían los antiguos judíos y los primeros cristianos.

Dentro de la literatura judía el Libro de Enoc es un texto calificado como: Apocalíptico. Un libro, que aunque no forma parte del canon bíblico, contiene visiones y revelaciones de los tiempos futuros y que deben ser evaluadas desde la perspectiva cristiana.

El Libro de Enoc no fue aceptado para formar parte de la Biblia, pero es de gran valor histórico, cultural y religioso.

Muchos lo consideran inspirado por Dios y es fundamento de fe varias iglesias.

El libro de Enoc es una obra literaria judía de carácter religioso, antiguo texto que se ha adjudicado a Enoc. Aunque en el tiempo presente, muchos eruditos sostienen que algunas secciones (sobre todo la correspondiente a los Vigilantes) fueron escritas alrededor del año trescientos A.C.

Este libro llama profundamente la atención por su narración fuerte, dinámica y colorida, expone temas muy interesantes, como la dramática narración de los Vigilantes o grupo de ángeles que pecaron al tomar mujeres de entre las hijas de los hombres, y fueron castigados por el Señor. Asunto que ha sido tema de discusión por mucho tiempo.

El Libro de Enoc de manera detallada presenta una gran diversidad de ángeles, sus funciones, diálogos, etc. El texto presenta no sólo a los arcángeles, sino a otros ángeles, su caída y rebelión, así como narra los orígenes de la maldad.

Un aspecto de gran interés, es la narración de los ángeles enseñando a los seres humanos misterios y secretos del cielo, secretos que no podían revelar a los hombres. Secretos que a la postre hicieron daño a la raza humana.

Algunos de aquellos secretos que enseñaron los ángeles y que son mencionados en este libro son: Los poderes de las raíces de las plantas, los secretos de las estrellas y de sus órbitas, los misterios respecto a los metales y sus características, así como el arte de las armas, entre otras cosas.

Posteriormente, sobre todo con el hallazgo de los rollos de Qumrán, se estableció que el Libro de Enoc, no era en realidad un solo libro, sino cinco textos, distribuidos así en el manuscrito original:

a) El Libro de los vigilantes: capítulos 1-36.

b) El Libro de las parábolas: capítulos 37-71.

c) El Libro astronómico: capítulos 72-82.

d) El Libro de los sueños: capítulos 83-90.

e) Las cartas de Enoc: capítulos 91-105.

También es importante tener en cuenta, que el Libro de Enoc aparece citado en otros escritos de la literatura judía, lo que nos permite ver que era importante para estos escritores y para este pueblo de Israel.

Algunos libros en donde el Libro de Enoc es utilizado como referencia son: Epístola no canónica de Bernabe, escritos de Irineo, Clemente de Alejandría, Tertuliano, Justino Mártir, entre otros más.

Es muy probable, que los textos que aparecen entre paréntesis, no forman parte del Libro de Enoc original, especialmente apartes del capítulo ciento ocho (son comienzos de otro texto). Pero, sí aparecen en los escritos griegos y/o etíopes.

Al considerar a Enoc, como persona, en las Sagradas Escrituras (Biblia) es presentado como descendiente de Set, padre de Matusalén, y bisabuelo de Noé.

La Biblia enseña que Dios se lo llevó a los cielos en vida, después de vivir trescientos sesenta y cinco años, de los cuales trescientos caminó con Dios (así lo enseña la Biblia en el libro de Génesis 5:21-24).

Muchos consideran que el hallazgo de los rollos del Mar Muerto en las cuevas de Qumrán (incluido el Libro de Enoc) ha sido uno de los mayores logros para la investigación del judaísmo del segundo templo.

El Libro de Enoc con su contenido pleno, es decir, con los cinco libros que lo componen, existe en una obra única en la versión etíope, otras partes han sobrevivido en griego y otras en arameo.

Son muchos los intérpretes, investigadores y eruditos del cristianismo primitivo los que ven en este libro un gran valor, ya que aporta y provee información respecto al conocimiento cristológico o mesiánico en aquella época.

El libro de Enoc

Primera Sección

Libro de los Vigilantes

En esta sección hay varias similitudes con la Biblia, pues menciona o hace referencia a eventos y personajes como Adán, Eva, Caín, Abel. Además expone la unión de ángeles con las hijas de los hombres, narración similar el evento de Génesis capítulo seis de la Biblia.

De hecho, el tema principal del Libro de los Vigilantes narra la rebelión o caída de estos ángeles, quienes tomaron para sí mujeres, escogiendo de entre las hijas de los hombres, pecando así contra Dios, lo que generó su castigo.

En este primer capítulo el Señor proclama sus bendiciones para los justos, y advierte acerca del juicio para los pecadores. Concepto que aparece repetidamente en este libro. También Enoc, nos habla del orden de la naturaleza y del orden en el cielo, cada una de estas cosas sigue un mandato y disposición determinados por el diseño de Dios.

Capítulo uno:

1. Estas son las palabras que declaró Enoc para bendecir a los justos elegidos que enfrentarán el tiempo de la tribulación, en el día en que vivirán el rechazo los impíos y todos los malvados, en el tiempo en que serán salvados los justos.

2. A Enoc, hombre justo y piadoso delante del Señor, se le reveló una visión del Santo y del cielo, por lo cual declaró profecía diciendo: Me fue revelada la visión del Señor de los cielos y por eso escuché aquellas palabras de los Santos y las palabras de los Vigilantes, y por eso pude aprender todas las cosas de ellos, y pude comprender que mis palabras no son para la generación de hoy, sino para una generación lejana que vendrá en un futuro.

3. Hoy declaró mi profecía acerca de los elegidos y por motivo de ellos: El Señor Santo y Único desde su morada vendrá.

4. Surgirá con todo su poder desde lo alto de los cielos, encima del Monte Sinaí con su poderoso e inmenso ejército se manifestará, el Señor Dios Eterno caminará sobre la faz de la tierra.

5. Y como resultado de esto, temblarán y serán castigados en regiones secretas todos los Vigilantes, se agrietarán

todos los extremos de la tierra, tendrán miedo y temblarán los Vigilantes en todos los lugares de la tierra.

(**Comentario:** *Este texto refleja el temor que genera el poder y juicio de Dios en los ángeles ("Vigilantes"), conscientes de que han pecado. La Biblia expone de manera contundente y clara esta verdad en Santiago 2:19 donde nos dice: "Tú crees que Dios es uno; bien haces. También los demonios creen, y tiemblan").*

6. Y cómo se comporta la cera ante la llama de fuego, así serán las montañas altas y las colinas de la tierra, las cuales se agrietarán, serán derrumbadas, se rebajarán y se fundirán.

7. Todo aquellos que esté sobre la faz de la tierra quedará sin vida, la tierra misma se dividirá, y vendrá sobre todos los habitantes un juicio.

8. Los justos serán felices y llenos de bendiciones, pues con ellos el Señor hará la paz, dará protección a los elegidos, sobre todos ellos derramará su compasión y serán todos propiedad de Dios, con su poder los ayudará y hará resplandecer su luz sobre todos ellos.

9. Observad con atención, porque el Señor con una gran multitud de sus santos vendrá, viene para ejercer el juicio sobre todos en la tierra, destruirá a los pecadores e impíos,

ejecutará castigo sobre toda persona que ha hecho obras impías, obras que han realizado con perversidad, y castigará todas las palabras duras y altaneras que los impíos y pecadores han pronunciado contra él.

(**Comentario**: *De este pasaje es que se vale el apóstol Judas para escribir esta cita en su carta, la cual forma parte del Canon bíblico, donde textualmente dice así:*

"De estos también profetizó Enoc, séptimo desde Adán, diciendo: He aquí, vino el Señor con sus santas decenas de millares, para hacer juicio contra todos, y dejar convictos a todos los impíos de todas sus obras impías que han hecho impíamente, y de todas las cosas duras que los pecadores impíos han hablado contra él".

Esto es muy interesante, pues confirma a la persona de Enoc como profeta, quien ve la gloria de Dios venir con sus ejércitos celestiales para castigar a los malvados, por su injusticia, violencia y por levantar sus palabras contra el Todopoderoso.

La palabra de Dios nos enseña que Enoc fue un profeta antediluviano, era un hombre inspirado por el Espíritu Santo, escuchaba Su voz porque era amigo de Dios. En los trescientos años que caminó con el Señor experimentó, sin duda alguna, maravillosas verdades y revelaciones del cielo).

Capítulo dos:

1. Con atención mirad todos los eventos que en el cielo suceden, mirad que las luminarias en el cielo permanecen de acuerdo al camino y posiciones que les fueron asignadas, cómo ellas nacen y se ponen, todas en un maravilloso orden según su estación o tiempo, y ninguna desobedece el decreto.

(**Comentario**: *En el libro de Enoc también se relata muchos detalles acerca de los astros, sus órbitas y características, destacando su orden y respeto al seguir el camino que se les ha ordenado. La palabra de Dios, por el Espíritu Santo, nos dice en el Libro de los Hechos que Dios es quien da vida y ha establecido el orden para todas las cosas, Hechos 17:25-26*

"Él es quien da a todos vida y aliento y todas las cosas. Y de una sangre ha hecho todo el linaje de los hombres, para que habiten sobre toda la faz de la tierra; y les ha prefijado el orden de los tiempos, y los límites de su habitación").

2. Observad la faz de la tierra y sus obras con mucha atención, pues todas ellas son evidentes, y desde el comienzo hasta el fin toda la obra del Señor permanece, ella no cambia, sigue el orden de Dios.

3. Mirad, cómo las nubes riegan con su lluvia la faz de la tierra, y ésta se llena de agua; observad los signos del verano y los signos o señales del invierno, todo se ejecuta en orden.

(**Comentario**: *Es muy interesante, ver que en los evangelios el Señor Jesús habla sobre la práctica humana de considerar el estado del cielo para determinar si va a hacer o no buen tiempo. Les recuerda que así mismo, deben considerar el tiempo que estaban viviendo, y la manera correcta de juzgar y actuar. Por ejemplo, en Lucas 12:54-57 el Maestro dijo:*

"Cuando veis la nube que sale del poniente, luego decís: Agua viene; y así sucede. Y cuando sopla el viento del sur, decís: Hará calor; y lo hace. Hipócritas. Sabéis distinguir el aspecto del cielo y de la tierra; ¿y cómo no distinguís este tiempo? ¿Y por qué no juzgáis por vosotros mismos lo que es justo?").

Comentario al Libro de los Vigilantes:

Esta primera sección se llamó el libro de los Vigilantes, sección que nos presenta una parte significativa de contenido en común con la Biblia. Por ejemplo, podemos ver personajes referidos o mencionados directamente, como: Adán y Eva, los hermanos Caín y Abel.

Por supuesto, un tema que llama profundamente la atención: el matrimonio o unión de los ángeles ("hijos de Dios") con las hijas de los hombres. Este último tema, es asunto de discusión por teólogos e intérpretes de la Biblia hoy día.

Respecto a la (posible) unión de ángeles con las hijas de los hombres, la Biblia hace mención en algunos versículos de Génesis seis, mientras que esta narración viene a ser el principal tema del Libro de los Vigilantes en el Libro de Enoc, tema que se cruza con la narración de la caída de los ángeles malos. Caída que se da por la rebelión de los Vigilantes o seres celestiales que trae la maldad sobre la tierra y predice el juicio del Señor.

Doscientos ángeles descendieron a la tierra y tomaron mujeres, las cuales eran muy hermosas. De esta unión nacieron los gigantes, quienes se destacaron por su voraz apetito, comían de todo, e incluso llegaron a devorar hombres, animales e incluso entre ellos mismos.

El Libro de Enoc enseña que los ángeles desobedientes enseñaron a las mujeres la agricultura, y el conocimiento de los árboles y de las plantas. Estos ángeles enseñaron a los hombres el arte de fabricar espadas, cuchillos, escudos y corazas, el trabajo de los metales.

También enseñaron el arte de pintarse con antimonio, y como embellecer los ojos, los parpados, así como les enseñaron acerca de las piedras preciosas y los tintes de color.

También Amiziras instruye a los encantadores y a aquellos que cortaban las raíces.

Aramros instruyó acerca de los hechizos y como romperlos.

Baraquiel fue quien enseñó y dio instrucciones a los astrólogos.

Kikabiel fue quien enseñó sobre los presagios.

Tauriel enseñó el significado de las estrellas.

Asradiel fue quien enseñó sobre el curso que sigue la luna.

Con todas estas cosas los seres humanos cayeron en pecado. Dios envía ángeles para que den aviso a Noé sobre el diluvio o castigo que vendrá. Encarga a Miguel para que haga desparecer la opresión de la Tierra, y que sean la justicia y la verdad, las que prevalezcan.

"Que todos los hombres se vuelvan justos y que todas los pueblos me bendigan y todos me adorarán".

Enoc tiene un sueño en el que es ascendido a los cielos. El Señor le encomienda dirigirse a los ángeles malos, quienes transmitieron un secreto a las mueres y éstas lo difundieron trayendo mal a la tierra.

Enoc recorre la bóveda celestial donde conoce los lugares de la tempestad, de la luz y del trueno, conoce los vientos, las siete montañas preciosas, la mansión de los muertos antes del juicio final, las puertas por donde nacen los astros, entre otras cosas.

Antes de continuar con la lectura y estudio del Libro de Enoc, creemos que es muy importante considerar al personaje que se presenta como autor de este libro, y profeta del Señor desde tiempos muy antiguos: Enoc.

¿Quién fue Enoc?

Por lo general al mencionar su nombre, Enoc, podemos traer a nuestra memoria datos generales, como por ejemplo, fue aquel hombre que caminó con Dios, y finalmente el Señor lo llevó a estar con él.

Pero, una visión general cultural e histórica, nos muestra que las ideas respecto a Enoc y su destino son diversas, desde creer que se convirtió en el ángel ayudante y consejero de Dios y patrono de los niños que estudian la Tora, que Dios le puso su propia corona y le dio setenta y dos alas y numerosos ojos, hasta creer (como el mormonismo declara) que fue quien fundó la ciudad de Sion y antes del diluvio fue trasladado al cielo con todos los habitantes de la ciudad.

Para los antiguos griegos, Enoc es aquel personaje equivalente a Hermes Trimegisto, y fue quien instruyó a los seres humanos en el arte de la construcción de las ciudades, y también declaró varias leyes de gran valor y utilidad.

Otros relatos antiguos judíos dicen que Enoc fue un rey entre los hombres, cuyo gobierno o reinado duró doscientos cuarenta y tres años, y se destacó por ser un rey lleno de sabiduría y se ocupó de enseñarla a todo aquel que quería conocerla.

El Libro de los Jubileos (manuscrito apócrifo escrito en el siglo II antes de Cristo) por un judío fariseo, dice que "Enoc, durante trescientos años aprendió los secretos del cielo y de la tierra de los hijos de los dioses".

El cronista, poeta y teólogo Gregorio Bar-Ebraia, enseñaba que Enoc fue el primero que inventó los libros y las diferentes formas de escritura. También fue quien descubrió el curso de los planetas, entre otros fenómenos celestes.

Para otros, Enoc, fue quien construyó las pirámides de Egipto, y ocultó en ellas tesoros, libros y diversos manuscritos, entre otras cosas de gran valor para que fuesen conservadas en el paso del tiempo.

En la literatura rabínica clásica, se expone por ejemplo, que Enoc era un hombre piadoso, llevado al cielo y recibió el título de "Gran Escriba". Otros enseñan que fue un asceta piadoso, que predicó al arrepentimiento, hizo discípulos, y bajo su sabiduría reinó la paz en la tierra, por lo cual fue convocado al cielo para gobernar a los hijos de Dios.

¿Qué nos dice la Biblia acerca de Enoc?

Enoc, el hombre que caminó con Dios.

Cuando miramos el mundo actual, los avances de la ciencia, condiciones muy similares a Sodoma y Gomorra, y muchas otras señales que el Señor profetizó acerca de los tiempos finales, tenemos que mirar con una perspectiva escatológica nuestro futuro. La iglesia debe caminar con discernimiento e inteligencia espiritual, pues estos son tiempos particulares.

Enoc nació y vivió para Dios, Génesis 5:18 "Vivió Jared ciento sesenta y dos años, y engendró a Enoc".

El nombre Enoc significa: "dedicado, consagrado, instruido". Palabras que nos dejan ver primero la piedad de su padre Jared, quien dedicó este hijo a Dios. Además por la Biblia podemos ver también que la vida de Enoc fue una vida dedicada a Dios.

El objetivo de Enoc en la tierra fue vivir para hacer la voluntad del Señor. El hecho de que su nombre también signifique "instruido" nos enseña que mantuvo un corazón enseñable y con un continuo deseo de aprender las cosas de Dios.

Fue una persona que Dios honró mientras estuvo en la tierra, lo llevó a su presencia sin vivir la muerte y lo honra mencionándolo en la Escritura en tres libros diferentes: Génesis, Carta a los Hebreos y en la epístola de Judas. Estamos entonces ante una persona especial y honrada por Dios, pues el Señor honra a los que le honran.

Podemos caer en el error de buscar la gloria de los hombres o el reconocimiento del mundo, pero esa gloria es pasajera, temporal y vacía. En cambio la bendición que viene de Dios no añade tristeza con ella.

La Biblia nos dice que en cierta ocasión "muchos de los gobernantes creyeron en Jesús, pero a causa de los fariseos no lo confesaban, para no ser expulsados de la sinagoga, porque amaban más la gloria de los hombres que la gloria de Dios" Juan 12:42-43.

El que vive para la gloria del mundo, cosechará retribución del mundo; más el que vive para la gloria de Dios recibirá bendición en ésta tierra y gloria en el reino venidero.

Enoc vivió en la tierra 365 años.

Génesis 5:21-23 "Vivió Enoc sesenta y cinco años, y engendró a Matusalén. Y caminó Enoc con Dios, después que engendró a Matusalén, trescientos años, y engendró hijos e hijas. Y fueron todos los días de Enoc trescientos sesenta y cinco años".

La Biblia nos dice que cuando Enoc engendró a su hijo Matusalén tenía sesenta y cinco años, y después de ese evento "caminó Enoc con Dios". La pregunta que surge es entonces ¿qué sucedió allí que llevó a Enoc a caminar con Dios?

Seguramente Enoc tenía una vida consagrada a Dios, pero a sus sesenta y cinco años hubo algo que provocó una mayor intimidad con el Señor y un mayor deseo de hacer su voluntad, de tal manera que su vida estaría completamente en función de Dios y de sus propósitos.

La Biblia no nos dice específicamente que sucedió en aquel momento, lo que nos dice es que después de engendrar a Matusalén Enoc caminó con Dios. La palabra "engendrar" básicamente significa "poner una semilla en" en este caso en la madre de Matusalén.

El nombre "Matusalén" tiene dos significados:

1) Hombre de la jabalina. ¿Qué es la jabalina? Es una lanza diseñada para ser arrojada. Podemos ver aquí la figura de un guerrero, de un soldado que va al frente de batalla con la fuerza y equipo para enfrentar al enemigo.

2) Muerte – enviar. Por eso "Matusalén" también significa: "a su muerte será enviado". ¿Qué sería enviado cuando Matusalén muriera? ¿qué era aquello que estaba siendo profetizado que sería enviado a la tierra? Esto nos habla, seguramente, del diluvio.

Intérpretes de la Biblia enseñan que en el mismo año de la muerte de Matusalén fue enviado el diluvio. Por eso fue el hombre que más vivió (969 años) mostrando así Dios su inmensa paciencia para con los hombres esperando que se arrepintieran.

Matusalén fue entonces un mensaje profético que anunciaba la necesidad de arrepentimiento ante el inminente juicio que vendría. Así como nosotros somos un mensaje al mundo, pues somos el pueblo que espera la segunda venida de nuestro Señor Jesucristo, anunciamos al mundo que es necesario el arrepentimiento para evitar el juicio que vendrá sobre la tierra.

Quizá el nacimiento de aquel hijo provocó en Enoc una mayor conciencia de su papel en la tierra, y decide entonces caminar con Dios como nunca antes lo había hecho. Enoc mismo se convirtió en un profeta, al parecer el primero sobre la tierra.

Judas 1:14-15 nos dice: "De éstos también profetizó Enoc, séptimo desde Adán, diciendo: He aquí, vino el Señor con sus santas decenas de millares, para hacer juicio contra todos, y dejar convictos a todos los impíos de todas sus obras impías que han hecho impíamente, y de todas las cosas duras que los pecadores impíos han hablado contra él".

Vemos aquí la profecía de Enoc en su tiempo, en la cual expone el juicio que vendrá sobre los impíos. También usó Dios a Noé antes del diluvio anunciando la necesidad del arrepentimiento, pues el Señor habla de muchas veces y de muchas maneras no queriendo que el hombre perezca, sino que proceda al arrepentimiento.

La Biblia nos enseña que Enoc fue un profeta antediluviano, era un hombre inspirado por el Espíritu Santo, escuchaba Su voz porque era amigo de Dios. En los trescientos años que caminó con el Señor experimentó maravillosas verdades y revelaciones del cielo.

Cuando decidimos caminar con Dios nuestra vida se desarrolla en función de la voluntad divina, y nos convertimos en instrumentos o canales de bendición para muchas personas. Caminar con Dios no sólo es bendición para nosotros, sino para todos aquellos que nos rodean.

Debemos resaltar lo que Biblia nos enseña: "Caminó Enoc con Dios". El orden en que aparecen las personas "Enoc y luego Dios" nos deja ver la iniciativa y compromiso de Enoc.

Éste hombre desarrolló amistad con el Señor, y aunque vivía en la tierra su caminar era diferente a los demás, sus pasos iban dirigidos a la voluntad de Dios y por eso seguramente iba en sentido contrario a las mayorías de su época.

Los pies de Enoc no caminaban por el sendero del mal, sus pies no se dirigían al bar o discoteca, sus pies no eran ocultos para hurtar o engañar. Más bien era un hombre que caminaba a la luz de Dios. Él caminaba con el Señor, sin apartarse ni a la izquierda ni a la derecha.

¿Cómo pudo Enoc caminar con Dios hasta el fin?

Hebreos 11:5, 13 "Por fe Enoc fue traspuesto para no ver muerte, y no fue hallado, porque lo traspuso Dios. Y antes que fuese traspuesto, tuvo testimonio de haber agradado a Dios" – "Conforme a la fe murieron todos éstos sin haber recibido las promesas, sino mirándolas de lejos, y creyéndolas, y saludándolas, y confesando que eran extranjeros y peregrinos sobre la tierra".

Antes de ser traspuesto Enoc tuvo testimonio de haber agradado a Dios. Una vida agradable a Dios es un poderoso mensaje al cielo y en la tierra. Hebreos 11 nos enseña sobre los héroes de la fe del Antiguo Testamento y se destaca la fe de Abel, Enoc, Noé, Abraham, entre otros, y el versículo trece nos revela una actitud que hubo en la vida de Enoc.

El versículo trece nos enseña que Enoc vivió como extranjero y peregrino en la tierra, es decir Enoc fue consciente de que era extranjero en la tierra por cuanto su ciudadanía era celestial, y fue peregrino porque su destino era estar y vivir con Dios en su reino.

La convicción que de Dios tenía Enoc, de su patria celestial y de su destino eterno con el Señor, transformó su vida de manera que caminó con Dios.

Noé fue motivo de burla cuando predicaba entre sus contemporáneos diciendo que venía un diluvio, pues no había lluvia en aquel tiempo (recordemos que la Biblia dice que subía un vapor que mojaba la superficie de la tierra).

Noé fue considerado el loco que construía un arca porque su Dios se lo había ordenado. La vida de fe será siempre criticada por el que no la conoce.

La burla y la crítica son las armas del hombre natural más fáciles de usar por aquel que no comprende las cosas espirituales. Jesús fue criticado, Pablo enfrentó gran oposición, la iglesia primera fue perseguida, pero la palabra de Dios permanece para siempre y todo lo que el Señor ha dicho así será.

Los versículos cinco y seis de Hebreos 11 están unidos: "Por la fe Enoc fue traspuesto para no ver muerte, y no fue hallado, porque lo traspuso Dios; y antes que fuese traspuesto, tuvo testimonio de haber agradado a Dios. Pero sin fe es imposible agradar a Dios; porque es necesario que el que se acerca a Dios crea que le hay, y que es galardonador de los que le buscan"

Esto nos recuerda que la fe de Enoc lo llevó a acercarse a Dios creyendo que era real, que él existía, y que galardonaba o recompensaba a los que le buscan.

Por eso no es en vano tu búsqueda de Dios. Por tu fe, aquella que te lleva a buscarlo, el Señor te premiará, te honrará entre muchos, te galardonará dándote lugares de privilegio, como lo hizo con Enoc.

Fortalécete en Dios y persevera, la perseverancia es de gran valor para Dios, pues ella en sí misma es una evidencia de tu fe. El Señor Jesús le dijo a la iglesia de Filadelfia y nos dice hoy a nosotros:

"He aquí, yo vengo pronto; reten lo que tienes, para que ninguno tome tu corona. Al que venciere, yo lo haré columna en el templo de mi Dios, y nunca más saldrá de allí". También dice el Señor: "He aquí yo vengo pronto, y mi galardón conmigo, para recompensar a cada uno según sea su obra".

Dios traspuso a Enoc al cielo.

Génesis 5:24 "Caminó, pues, Enoc con Dios, y desapareció, porque le llevó Dios".

Este texto nos enseña sin duda algo impresionante, un día Enoc desapareció. Un día ya no estaba más, y creo sin duda que lo buscaron por todas partes, como hicieron los discípulos de Elías cuando éste fue arrebatado por Dios en un carro de fuego. Luego se convencieron de que Dios se lo había llevado.

Enoc desapareció un día, y nos dice la Biblia que eso sucedió porque Dios se lo llevó. La expresión "le llevó" de Génesis 5:24 se traduce de la palabra hebrea "laqah" que además quiere decir: <u>tomar</u>, <u>comprar</u>, <u>arrebatar</u>, <u>llevar a alguien consigo</u>.

Palabras que nos recuerdan que fuimos comprados a precio de sangre para Dios, que seremos arrebatados y estaremos para siempre con el Señor, y que Jesús vendrá como novio por su novia, la iglesia, para llevarla a celebrar las bodas del Cordero.

Por eso Jesús dijo: "En la casa de mi Padre muchas moradas hay… voy, pues, a preparar lugar para vosotros. Y si me fuere y os preparare lugar, vendré otra vez, y os **tomaré** a mí mismo, para que donde yo estoy, vosotros también estéis".

Dios traspuso a Enoc para que no viera muerte, él no seguiría el camino de todos. Nos dice además la Escritura que: "no fue hallado" (lo buscaron, pero no lo encontraron) es decir no fue un cambio de lugar o región, él fue llevado al cielo por Dios mismo.

Dice el texto bíblico: "Porque lo traspuso Dios" fue un traslado divino, "traspuso" es una palabra que se traduce del término griego "metatídsemi" que también significa: transferir, transportar, arrebatar, transformar. Por eso la NVI dice: "Por la fe Enoc fue sacado de este mundo sin experimentar la muerte; no fue hallado porque Dios se lo llevó".

Algo similar ocurrió con Elías (2 Reyes 2): "He aquí un carro de fuego con caballos de fuego apartó a los dos y Elías subió al cielo en un torbellino" (a quien también buscaron y no lo hallaron).

Así como nuestro Dios levantó a Enoc y a Elías, Cristo volverá y su iglesia será levantada. Enoc y el profeta Elías son figura de la iglesia que será levantada. Es entonces muy importante caminar con Dios. Jesucristo vuelve por segunda vez, y como iglesia debemos estar dispuestos y preparados como la novia se prepara para su boda.

Algunas veces pasaremos por pruebas y enfrentaremos obstáculos que con la fuerza de Dios podremos superar, y debemos tener presente las palabras de Dios que nos dicen: "las aflicciones del tiempo presente no son comparables con la gloria venidera que en nosotros ha de manifestarse".

Jesucristo vuelve por segunda vez, debemos mantener nuestro corazón preparado y caminar con Dios. Todas las palabas del Señor se cumplirán y por eso ciertamente los muertos en Cristo resucitarán primero y los que vivamos seremos arrebatados y estaremos con el Señor para siempre.

No podemos olvidar las palabras del Espíritu Santo a través del apóstol Pablo:

"Porque el Señor mismo con voz de mando, con voz de arcángel, y con trompeta de Dios, descenderá del cielo; y los muertos en Cristo resucitarán primero. Luego nosotros los que vivimos, los que hayamos quedado, seremos arrebatados juntamente con ellos en las nubes para recibir al Señor en el aire, y así estaremos siempre con el Señor" 1 Tesalonicenses 4:17-18.

Ante todo esto debemos mantener preparado nuestro corazón para la segunda venida de nuestro Señor Jesucristo.

Libro de las parábolas

Esta sección, es sin duda, de una naturaleza mesiánica, pues si bien, no se menciona directamente al Hijo de Dios, se utilizan referencias como: "Elegido", "Justo" y "Mesías", "Hijo del Hombre", y el contexto de los personajes lo pone en evidencia.

El Libro de las Parábolas predice la venida del Hijo del Hombre quien traerá el juicio, la caída de los reyes y soberanos, y los pecadores serán avergonzados.

Son tres parábolas, las dos primeras describen el castigo sobre los pecadores, mientras que la tercera anuncia la salvación y bendición para los justos.

El libro de las parábolas de Enoc, es un libro complejo de explicar. La palabra "parábola" tiene su antiguo origen en el griego, e indica una narración de un suceso que permite dar un mensaje de valor moral mediante una analogía, comparación o representación similar.

En esta primera parábola, Enoc habla sobre el fin de los tiempos (una especie de "Apocalipsis"), expone como los justos son separados de los pecadores, al llegar la luz del cielo, y también relata cómo ve al Elegido.

Enoc es llevado en un torbellino al cielo, allí puede ver al Elegido, quien vive bajo las alas del Señor de los espíritus. También puede ver a los cuatro ángeles: Miguel, Gabriel, Rafael y Fanuel. De igual modo, contempla la residencia de los elegidos, los secretos de los elementos, los depósitos del sol y de la luna, los rayos y las estrellas.

Enoc también puede ver todos los secretos del cielo, aquellos que deben llegar, una montaña de hierro, y las de cobre, plata, oro, estaño y plomo. Como le explica el ángel estas montañas serán ante le Elegido como cera ante el fuego y se ablandarán ante sus pies.

Posteriormente, Enoc puede ver cómo los poderosos y los reyes son lanzados a un valle llenos de llamas de fuego; y los ángeles preparan los instrumentos de castigo y tormento para el juicio de los pecadores. Después de esto, vendrá el diluvio universal.

En el año quinientos de la vida de Noé, Enoc tiene una visión que no puede soportar y cae al suelo. El ángel Miguel le ayuda, y le explica acerca de los dos monstruos que ve, uno es el femenino, llamado: Leviathan, que habita en los abismos del mar (representa el poder del mar); y el macho es Behemoth, que con su pecho ocupa el inmenso desierto (representa el poder de la tierra), al oeste del jardín donde viven los elegidos y justos.

Noé se entera de que el juicio o destrucción de la tierra esta próxima. El Señor promete a Noé que a terminar su castigo preservará su raza. Los ángeles malos serán encerrados en un valle ardiente, junto a las montañas de metal.

Encabezado del Libro de las Parábolas:

Capítulo treinta y siete (del libro de Enoc):

1 A continuación el relato de la visión segunda que él vio. Visión de sabiduría. La que vio Enoc, hijo de Jared, hijo de Mahalalel, hijo de Kainan, hijo de Enos, hijo de Set, hijo de Adán.

2 Aquí, el comienzo de aquellas palabras llenas de sabiduría que hablé con mi boca, con las que pude expresarme y decirle a los habitantes sobre la faz de la tierra: "Escuchad hombres de épocas pasadas y del porvenir, las palabras del santo que habla en presencia del Señor".

Ahora, he levantado mi voz para darlas a conocer a todos los habitantes de la tierra, estas son las tres parábolas que me fueron entregadas.

Comentario: *Esta primera sección se llamó el Libro de las Parábolas (llamado por otros: El Mesías y el reino), contiene profecías acerca de la venida del Hijo del Hombre, la caída de los poderosos, reyes y gobernantes y por supuesto el día del Elegido. Es interesante tener en cuenta, que esta sección es la única que no se encontró en los rollos de Qumrán.*

Respecto a los ángeles caídos según el libro de Enoc, debemos tener en cuenta algunos aspectos importantes, como el significado de sus nombres, sus funciones y el efecto en estos por causa de su caída. Por ejemplo:

Rameel: significa "Mañana de Dios", quien se convierte en Azazel, nombre que puede referirse a "fuerza de Dios", pero en el sentido contrario que se usa. Puede indicar: "fuerza contra Dios" o "insolente o arrogante contra Dios". En el pensamiento moderno se identifica a Azazel con satanás.

Araqiel, significa: Tierra de Dios, quien llega a convertirse en "Aretstikapha" que significa: Mundo de distorsión, en el capítulo sesenta y ocho. En estos casos podemos concluir, o por lo menos ver, que los nombres de estos ángeles tienen relación con su función antes de la caída.

3ª Sección del Libro de Enoc "El Libro astronómico":

Libro astronómico

Llamado también el Libro de las Luminarias Celestiales o Libro de Luminarias. Este libro expone las descripciones del movimiento de los cuerpos celestes, conocimiento que le fue revelado a Enoc por Uriel, cuando éste ángel lo guiaba por el Cielo. Describe también un calendario solar hebreo antiguo, que al tener diferencias con el calendario tropical, no se pudo conciliar con este último.

Este libro describe el movimiento de los astros, las relaciones entre estos, y determinada esta relación por su clase, función, tiempo, etc. Cada uno de acuerdo a su nombre, lugar de su salida y según sus meses.

Este libro expone que Uriel enseña a Enoc la astronomía, el secreto de las estrellas, la perfección y armonía del Sol y los planetas que lo rodean. Debido a su perspectiva religiosa, el pueblo hebreo explicaba los fenómenos celestes sometidos y dependientes completamente del Creador.

En este escrito, se muestra como el sol nace en las puertas del oriente del cielo, y se pone en las puertas del occidente. Hay seis puertas al occidente por donde nace el sol, y seis puertas al oriente por donde se pone el solo; por estas mismas puertas la luna sale y se pone.

También se destaca que aunque la luz del sol brilla siete veces más que la luz de la luna, los dos astros son del mismo tamaño.

Después de que Enoc es enseñado al respecto, es llevado a su casa para que comunique sus enseñanzas a su hijo Matusalén. Después de un año, los ángeles volverán por Enoc, quien será ascendido a los cielos de manera definitiva.

Encabezado del Libro Astronómico:

Capítulo setenta y dos:

1. Uriel, el santo ángel que estaba a mi lado, me enseñó dándome revelación con exactitud de todas las leyes y cómo pueden observarse las luminarias celestiales todos los años de la tierra por siempre, hasta que sean cumplidos los días, y la nueva creación que existirá hasta los tiempos de la eternidad.

Este es el libro que revela el movimiento de las Luminarias del Cielo, las relaciones existentes entre estas, todo de acuerdo a su rango, tipo, dominio y estación, cada una por su nombre, lugar de sus salidas y por sus meses.

2. Este es el primer orden de las luminarias del cielo, es decir, la luminaria del sol, la cual nace en las puertas al oriente de los cielos, y su poniente ocurre en las puertas al lado occidental de los cielos.

3. En aquel lugar también pude ver seis puertas al oriente y seis puertas al lado occidental, cada una detrás de la otra en un orden estricto, también vi muchas ventanas que estaban ubicadas a la derecha y a la izquierda de aquellas puertas. Seis de esas puertas señalan el lugar por donde nace el sol, y por las otras seis puertas el sol se pone, también la luna nace y se pone por aquellas puertas; puede ver también allí a aquellos que dirigen las estrellas y a quienes los dirigen a ellos.

Comentario: Este libro fue escrito probablemente alrededor del siglo segundo A.C. Debemos tener en cuenta que de acuerdo a los rollos o manuscritos encontrados en las Cuevas de Qumram, al parecer iban copiados en un mismo rollo: "Libro de los Vigilantes", "Libro de los Gigantes", "Libro de los Sueños" y "La Epístola de Enoc", mientras que el "Libro Astronómico" iba en un rollo aparte, quizá por la naturaleza de su contenido e identidad propia.

Debemos tener presente entonces, que esta sección expone de manera detallada el antiguo calendario solar hebreo. Este texto "El Libro astronómico" no fue considerado válido para formar parte dela libros inspirados por Dios, pero es sin duda, un libro de gran contenido histórico.

"Libro de los Sueños"

En esta parte Enoc describe dos visiones apocalípticas que recibe a través de sueños. En la primera anuncia que la tierra será destruida, y la segunda es básicamente una historia del ser humano y del pueblo hebreo hasta el final de los tiempos. En esta narración Enoc utiliza animales simbólicos como actores de estos eventos.

Un toro rojo y una becerra tiene un toro blanco, y el resto fueron toros y becerras negros; después, un ángel enseña al toro blanco un secreto, este toro se convierte en hombre, y con un toro negro y otro rojo, construye una gran barca en la que se salvan del diluvio.

Este libro fue escrito alrededor de los años 160 y 125 A.C. Esta sección hace referencia a dos visiones de tipo apocalíptico; la primera visión Enoc se la cuenta a su hijo, Matusalén, y le explica al detalle su visión de la destrucción de la tierra.

En la segunda visión, Enoc describe la descendencia de Adán hasta Noé. Narra esta historia a través de animales simbólicos. Es una historia de los seres humanos e Israel hasta los tiempos finales.

La perspectiva hacia el futuro de los hebreos ha sido una visión de cómo la venida del Mesías y el fin de los tiempos siempre están próximos, es una visión de juicio sobre la maldad e injusticia, y recompensa para los justos y piadosos.

El Libro de los Sueños de Enoc, ha sido interpretado también como la revuelta macabea cuando los judíos rechazaron la adoración a los dioses griegos, revuelta que implicó muchas batallas. Según la Iglesia ortodoxa etíope fue escrito antes del diluvio descrito en el libro de Génesis.

Encabezado del Libro de los sueños.

Capítulo ochenta y tres:

1. Escucha, ahora, hijo mío, Matusalén, pues te enseñaré todas las visiones y misterios que me han acontecido.

2. A mi vida vinieron dos visiones, éstas sucedieron antes de tomar mi esposa, una difiere completamente de la siguiente. La primera sucede cuando estaba aprendiendo a escribir, y antes de tomar a tu madre tuve la segunda visión.

3. Entonces, vi aquella visión en la que el cielo se detenía bruscamente, se soltaba y caía entonces sobre la faz de la tierra. Esta visión sucede cuando estaba acostado en casa de mi abuelo Mahalalel.

4. Vi entonces, que cuando el cielo caía sobre la tierra, ésta era tragada por un poderoso abismo, grandes árboles eran cortados de sus troncos y eran lanzados en aquel abismo grande, las montañas y las colinas estaban suspendidas unas sobre otras, había gran conmoción.

5. En aquel momento una entró en mi boca y entonces grité con fuerza: La tierra ha sido arrasada y devastada.

6. Yo me hallaba acostado cerca de mi abuelo, Mahalalel, y en aquel momento fui despertado por mi abuelo, quien me habló diciendo: ¿Por qué levantas tu voz de ese modo, hijo mío, y por qué pronuncias ese gran lamento?

7. Procedí entonces a contarle toda aquella visión que acababa de tener. Después mi abuelo me habló diciendo: Es terrible la visión del sueño que has tenido, es una visión acerca de los misterios de toda la maldad y pecado sobre la faz de la tierra, y así la tierra está muy cercana de ser devorada por el gran abismo, y devastada por una destrucción muy grande.

Comentario: *Dentro de la visión judía, siempre se expone el juicio para el impío, aquel que hace injusticia y violencia; mientras que indica recompensa en esta tierra para los justos y rectos, y vida y bendición en la eternidad.*

En la visión apocalíptica judía la figura del Mesías resalta, figura que aparece a lo largo de toda la Biblia, e incluso en toda la literatura apócrifa o no canónica. La luz del Mesías aparecerá derribando las estructuras humanas y trayendo una transformación salvadora.

Comentario: *Para mayor comprensión de este relato, debemos considerar el significado de los animales y de sus respectivos colores (teniendo en cuenta que en la Biblia también, en muchos textos, se usa un lenguaje simbólico lleno de significado), por ejemplo:*

El color blanco indica pureza; el color negro hace referencia al pecado y a l maldad; el color rojo indica sangre y martirio.

El toro puede indicar (según el color y contexto) aquello que se opone a Dios, o que se rinde a él. El Señor y las ovejas nos hablan del Mesías y de su pueblo. El resto de animales salvajes son por lo general, pueblos enemigos de Israel.

Esta sección "El Libro de los Sueños" para la Iglesia Ortodoxa Etíope fue escrito antes del diluvio descrito en el libro de

Génesis de la Biblia, pero ha sido fechado por la mayoría en la época de los macabeos (163-142 A.C. aproximadamente).

La primera visión relata el diluvio, y la segunda es la historia del mundo hasta que se establece el reino del Mesías.

Por eso otra interpretación de esta sección, es que estos últimos capítulos hacen referencia a la batalla del Armagedón, en la que todas las naciones del planeta marcharán contra Israel y Jerusalén, en la que el Mesías se manifestará para salvar a su pueblo.

5ª Sección del libro de Enoc

Este libro recibe varios nombres, pues ha sido llamado también: "El Libro de las Semanas", "El Apocalipsis de las Semanas" y "La Epístola de Enoc". En este libro, Enoc hace mención a la venida del Mesías y habla del Apocalipsis.

En el tiempo de los macabeos (contexto en el que seguramente fue escrito este libro, entre los años 110 y 70 A.C.) el concepto común era que la historia de la humanidad seguía una línea simétrica a la de la creación en siete días. Esto permitió entonces, tomar la semana como una unidad que rige todas las actividades y vida humana.

En este relato Enoc llama a sus hijos, a quienes les cuenta lo que vendrá hasta la eternidad. Por todo eso, deben amar la verdad y la justicia, ya que el juicio viene sobre la violencia y la injusticia que se extiende sobre la faz de la tierra. Los pecadores serán destruidos, y los justos recompensados.

Esta sección divide la historia de la humanidad en diez semanas, en las que se interpretan las cosas pasadas, y de modo escatológico se plantea el futuro. La parte que se destaca es la décima semana en la que aparecerá un nuevo cielo para siempre en bondad y justicia.

Esta Carta de Enoc expone una teología muy cercana a la doctrina encontrada en los rollos de Qumrán, y otra parte que hace referencia a la responsabilidad de cada persona delante de Dios.

Una perspectiva que data de tiempos antiguos y que ha sido conservada entre los judíos, griego, cristianos y latinos, es que se ha considerado que la duración del mundo ha de extenderse por seis mil años. La cronología bíblica expone todo estos tiempos, y establece la fecha de la creación, y de igual manera la de su duración.

Encabezado de Las Cartas de Enoc.

Capítulo noventa y uno:

1 Ahora, Matusalén, hijo mío, debes convocar en torno a mí a todos tus hermanos, reúne a mi alrededor a todos los hijos de tu madre, porque la palabra me llama y el espíritu se ha derramado sobre mí, para que os revele todo lo que pasará, hasta los tiempos de la eternidad.

Capítulo noventa y dos:

1 Esto fue lo que escribió Enoc, y le entregó a su hijo Matusalén, y a todos los que habitan la tierra firme para que obren el bien y la paz:

2 "Debido a los tiempos, no os angusties en vuestro espíritu, porque el Gran Santo ha dado un tiempo para todas las cosas.

3 De su sueño se levantarán los justos, y avanzarán por senderos de justicia y todos sus caminos y palabras serán de rectitud y gracia.

4 Gracias otorgará a los justos el Señor, y les dará su eterna justicia y su poder; Él permanecerá en bondad y justicia y marchará con luz eterna".

Comentario: A lo largo del Libro de Enoc se expone y se enseña de manera contundente la prevalencia de la justicia y la rectitud, como requisitos para vivir en paz y con la bondad de Dios.

Por eso, el Señor también repetidamente expone su juicio ante la violencia e injusticia de los habitantes de la tierra, y su protección y bendición sobre los justos y rectos de corazón. Esta sección expone una vez más, que los pecadores serán castigados y avergonzados, mientras que los justos serán protegidos y bendecidos.

Comentario: *Este libro señala el aspecto personal del individuo en su responsabilidad, y por eso además vemos que describe con frecuencia a los pecadores como ricos, y a los justos como los oprimidos; en esto, esta sección es muy similar a Libro de las Parábolas.*

Esta sección llamada "La Carta de Enoc" divide la historia en diez semanas, dando una interpretación singular al pasado y mostrando el futuro escatológico.

Según nos enseña la Biblia, a Dios le tomó una semana crear la tierra; y descansó en el séptimo día, por lo que se concluye que le tomó en realidad seis días. Ya que un día es para el Señor como mil años, se concluye que la profecía narra la historia de los seis mil años posteriores a Enoc, los cuales concluyen con el juicio final y el fin de este mundo.

Fragmento del Libro de Noé

Esta sección es tomada del Apócrifo de Génesis (texto no canónico), llamado también Manuscrito de Lamec, el cual es uno de los textos hallados en los manuscritos del Mar Muerto o rollos de Qumran.

Contiene el episodio en el que se relata el nacimiento de Noé de su madre Bathenosh. Su esposo Lamec sospechó que el hijo nacido era fruto de la unión de Bathenosh con un ángel caído (llamados: Vigilantes), asunto que ella negó.

Este libro predice los crímenes de la raza humana, y la llegada de los tiempos mesiánicos con el final triunfo de los justos. Estos fragmentos se han conservado del denominado también: "Apocalipsis de Noé", relata la depravación sobre la faz de la tierra antes y después del diluvio.

Encabezado del Fragmento del Libro de Noé:

Capítulo ciento seis (Libro de Enoc):

1. Habiendo transcurrido cierto tiempo, yo Enoc, decidí tomar una mujer para mi hijo Matusalén, y esta le dio a luz un hijo a quien llamó "Lamec", por cuanto dijo: La justicia ha sido menospreciada hasta el día de hoy". Y sucedió que cuando Lamec llegó a su edad madura, su padrea Matusalén, tomó para él una mujer, quien quedó embarazada y le dio un hijo.

2. Y este niño al nacer tenía una piel más blanca que la blanca nieve, y su carne era más roja que la mismas rosas. También su cabello era especial, pues era tan blanco como la lana en su pureza, era un cabello que brillaba y era espeso. En el momento en que abrió sus ojos lleno de luz toda aquella casa como hace el sol, y la casa resplandecía.

3. Y aconteció que cuando este niño nació abrió su boca y le habló al Señor de toda justicia, además se levantó de las manos de la mujer que había atendido el parto.

Comentario: *Los capítulos 106 y 107 corresponden a una sección que aparece en los manuscritos de Qumrán separados del texto anterior por una línea en blanco, por lo que interpretes lo concluyen como un complemento o apéndice.*

Este texto, seguramente, viene de un libro que en su origen fue separado, pero que fue organizado por el redactor como un relato propio de Enoc.

El capítulo ciento ocho no fue hallado con los otros manuscritos en las cuevas de Qumrán, por lo que se considera una obra del redacto final. Texto que destaca la generación de luz (justicia), quienes vienen a ser la parte opuesta de los pecadores, cuyo destino son las tinieblas eternas.

Comentario Final al Libro de Enoc:

Considerando una sinopsis breve de este libro, podemos decir que este texto es la recopilación de varios escritos presentada en su conjunto desde la antigüedad, en la forma de un relato continuo de ciento ocho capítulos.

Supuestamente, fue escrito originalmente en el idioma hebreo, surgiendo luego varias copias griegas, etíopes y latinas, escritos que han permanecido (prácticamente sin modificaciones) a pesar del transcurrir del tiempo.

Básicamente, el tema de este libro ha girado en torno a las visiones que tuvo Enoc al ser llevado al cielo por los ángeles, allí recibió mucha información y se le explicó diversos asuntos.

Como por ejemplo: Los vigilantes del cielo (ángeles) que tomaron para sí mujeres de la tierra pecando contra Dios; todas las cosas o misterios que le fueron enseñados respecto a los poderes de las plantas y sus raíces, las orbitas de los planetas, estrellas y constelaciones, la futra conducta de los seres humanos y sus respectivos juicios, entre otros asuntos.

El libro concluye narrando la historia acerca de la persona de Noé, la maldad sobre la faz de la tierra, y el juicio del diluvio sobre toda la tierra. Pero al final, llegará una generación de justos que acabarán con el pecado y toda injusticia sobre la tierra.

Esperamos que este libro haya sido de su agrado y ayuda.